11 友だちと別れるとき
- ア じゃあ（ね）
- イ バイバイ
- ウ さようなら

12 友だちをほめるときに使う言葉は？
- ア すごいね
- イ やったね
- ウ がんばったね

13 友だちの言ったことがわかったとき
- ア わかった（わ）
- イ うん
- ウ なるほど

14 友だちの言っていることがへんだと思ったとき
- ア うそ
- イ ほんと？
- ウ なにそれ

15 友だちを注意するとき
- ア ～してはダメ
- イ ～しないで
- ウ ～しないでください

16 友だちがいいものをもっているのを見たとき
- ア いいね
- イ ずるい
- ウ ちょうだい

17 友だちにあやまるとき
- ア ごめんなさい
- イ わるかったね
- ウ 申しわけない

18 言われていちばんうれしい言葉は？
- ア ありがとう
- イ すごいね
- ウ がんばってね

19 自分が言われていやな言葉は？
- ア きもい
- イ うざい
- ウ ずるい

20 いちばん大切にしたい言葉は？
- ア こんにちは
- イ ありがとう
- ウ ごめんなさい

コピーして使ってね！
学校の授業などではこのページと後ろ見返しに限り、人数分をコピーして使ってかまいません。

言葉は大事だ！じてん

あいさつ・マナー・敬語

❹ 手紙・メール編

著／金田一真澄
絵／荒賀賢二

新日本出版社

はじめに

　言葉は「自分の考えていることをはっきり伝えたい」「相手のことをもっと理解したい」という思いにより、豊かになってきました。ところが近年、言葉そのものの使い方や敬語の使い方などがみだれてきています。しかも、インターネットの発達にともなって、電子メールなどでは、直接話をする場合や、手紙を書く場合とくらべて、文章自体が短いものになると同時に、敬語が使われなくなってしまいました。

★

　あるアンケートで、「言われていちばんうれしい言葉はなんですか」という質問をしたところ、「ありがとう」「○○うまいね」「がんばって」が上位にきました。
　自分が言われてうれしい言葉なら、相手に言ってあげれば、きっと気持ちがいいはずです。反対に、言われて気分が悪い言葉を、人に言うことはよくないのは言うまでもありません。こうしたことに気づくことで、人と人との関係やコミュニケーションがうまくいくようになります。言葉を大切にするということは、人との関係も大切にすることなのです。

★

　このシリーズ「言葉は大事だ！ じてん　あいさつ・マナー・敬語」では、次の４つの場面にわけて、言葉の大切さをみなさんといっしょに考えていきたいと思います。

> ①日常生活編
> ②学校生活編
> ③あらたまったとき編
> ④手紙・メール編

もくじ

- **Q 01** 手紙のはじめにある「前略」って、なに？ ……… 4
- **Q 02** 「暑中見舞い」はいつ出すの？ ……… 5
- **Q 03** 手紙の「拝啓」「敬具」は、どういう意味？ ……… 6
- **Q 04** 手紙の最後にある「かしこ」って、なに？ ……… 7
- **めざせ！言葉の達人** ● 手紙のルール ……… 8
- **Q 05** 「元日」と「元旦」はどう違う？ ……… 10
- **Q 06** 新年のあいさつは英語でどう書くの？ ……… 11
- **Q 07** 「おめでとう」の手紙で気をつけることは？ ……… 12
- **Q 08** 出欠を問いあわせるはがきなどにある「御芳名」とは？ ……… 13
- **Q 09** 「お名前」「お住所」「ご意見」「お考え」、どれがへん？ ……… 14
- **Q 10** 「様」と「殿」は、どっちがえらい？ ……… 15
- **Q 11** 手紙で先生に向かって「あなた」と書くと、どう思われる？ ……… 16
- **Q 12** 「ぼく」は、ふつう目上の人に向かって言うときに使うって、ほんと？ ……… 17
- **めざせ！言葉の達人** ● 手紙で必要な敬語 ……… 18
- **めざせ！言葉の達人** ● あて名の書き方 ● 便せんの折り方と封書のいれ方 ……… 20
- **Q 13** 電子メールでは、相手の名前はどこに書くの？ ……… 22
- **Q 14** 件名に「はじめまして」と書くのはよくないの？ ……… 23
- **Q 15** メールの文章では、改行は必要ないって、ほんと？ ……… 24
- **Q 16** メールを送信する前に確認することは？ ……… 25
- **Q 17** 電子メールの「一往復半の原則」って、なに？ ……… 26
- **Q 18** 手紙にできて電子メールにできないことって、なに？ ……… 27
- **めざせ！言葉の達人** ● 電子メールのマナー ……… 28

全巻さくいん ……… 30

青字の言葉は、らん外の言葉の意味に解説があります。

Q01 手紙のはじめにある「前略」って、なに？

前略って書いてみたけど次はなにを書けばいいんだろう……

A 冒頭の「時候のあいさつ」を省くときの言葉

「時候のあいさつ」とは、手紙やはがきなどを書くとき、文章の冒頭に使用する季節のあいさつ文（前文）のことです。「前略」はその前文を省略するという意味を表す言葉として用いられます。

「前略」ではじめる場合、手紙の最後は「急いで書いてすみません」という意味の言葉「草々」でしめくくります。

電子メールでは短時間でのやりとりを優先することから、「前略」も「草々」も不要とされています。時候のあいさつをするかしないかは人によって異なります。メール交換をしながら、それぞれが気持ちのよい方法をさがしましょう。

もっと知りたい　絵はがきの書き方

絵はがきは書くスペースが少ないので、伝えたいことだけを書くのが一般的です。「前略」をいれて、改行しないで続けて本文を書きます。旅の途中で出す絵はがきは、その地方での印象や、自分の様子などを、短く上手に書くことがもとめられます。なお、絵はがきには、自分の住所を書く必要はありません。終わりの言葉もつけなくてもかまいません。

スペースがあまったら、日付や場所「○月○日、○○にて」とすると、かっこうがつきます。

言葉の意味　●時候／季節。気候。　●冒頭／文章・話・物事などのはじめの部分。

Q02 「暑中見舞い」はいつ出すの？

まだ暑いから暑中見舞いを出していいかな……？

A 7月中旬から立秋（8月8日ころ）までが基準

立秋は8月8日ころで、それ以前は「暑中見舞い」、以降を「残暑見舞い」とするのが一般的です。「暦の上では秋ですが」という決まり文句もあります。9月になっても残暑が続くことがありますが、その場合には、「まだまだ暑い日が続きますが」などと書きます。

- 暑中見舞い：7月中旬〜8月8日ころ
- 残暑見舞い：8月8日ころ〜8月末

いっぽう、冬には「寒中見舞い」「余寒見舞い」を出す習慣もあります。「寒中」は、小寒（1月5日ころ）から立春（2月4日ころ）までをさしますが、1月7日までは年賀状を出すので、「寒中見舞い」は、1月8日から2月4日に出すのが一般的です。なお、寒中見舞いは1月7日をすぎて年賀状の返答をする場合や、喪中のため年賀状が出せない場合に出すことが多いようです。「余寒見舞い」は立春から寒さの続くころまでとされています。

9月はだめだったかー

言葉の意味 ● 立秋／暦の上で秋に入ること。 ● 立春／暦の上で、春に入ること。 ● 喪中／人の死後、その家族や親類が、喪に服している期間。

Q03 手紙の「拝啓」「敬具」は、どういう意味？

A あらたまった手紙の最初と最後に書く、呼応する言葉

手紙を書くときは、ある程度決められたルールがあります。そのひとつが「拝啓」「敬具」や「前略」「草々」（⇒4ページ）の間に本文をはさむように書くことです。

あらたまった手紙では、「拝啓」ではじめて「敬具」で結びます。これらはかならずセットで使われるので、どちらかひとつだけを書くと、おかしいことになります。「拝啓」のあとには時候のあいさつ（⇒9ページ）を書くのがふつうです。「敬具」の前には「寒くなりましたが、お体には十分お気をつけください」など、相手を気づかう言葉をいれたり、「よろしくお願いいたします」と記したりします。

●あらたまった手紙の例

相手の名前は、自分の名前より大きく書くのがよい。

高野○○　様

拝啓　秋も深まり、日がだんだん短くなってまいりました。いかがお過ごしでしょうか。

本文

寒くなりましたが、お体には十分お気をつけください。どうぞよろしくお願いいたします。

敬具

平成○年10月12日

金田一真澄

言葉の意味　●拝啓／手紙の書きはじめに使う言葉。「つつしんで申しあげます」という意味。●敬具／「拝啓」と書きはじめた手紙の結びに書きそえる言葉。「つつしんで申しあげました」という意味。●気づかう／あれこれと気をつかう。心配する。

Q04 手紙の最後にある「かしこ」って、なに？

A 「敬具」「草々」の代わりに使われる言葉

「かしこ」は、あらたまった手紙の最後に使う「敬具」や、略式の手紙の最後の「草々」などの代わりに、女性が使う言葉です。男性の使う「謹言」などにあたる語です。もっとていねいに言うときは「あらあらかしこ」という言葉になります。漢字で書くと「粗粗畏」となります。「粗粗」は「十分に意をつくさず」の意味で、「畏」には「恐れいります」の意味があります。

えー、「かしこ」は、女性だけなのー

もっと知りたい　英語の手紙の書き方

英語のはがきや手紙では、最初に Dear ○○ と相手の名前を書きます。終わりのあいさつでは、相手にあわせて、決まった表現が使われます。

● 広く用いられる表現
　Best wishes, / Best regards,
　（ご多幸をお祈りいたします）

● 家族や親しい間柄で用いられる表現
　Love, / With love,
　（愛をこめて）

● あらたまった表現
　Sincerely yours,
　（敬具）

● 略式／物事の一部分を省いたり、簡単にしたりすること。　● 謹言／「謹啓」と書きはじめた手紙の結びに書きそえて、相手に敬意を表す言葉。

手紙のルール

6ページにも書いてあるように、手紙を書くときには、ある程度決められたルールがあります。ここでは手紙の基本形式と時候のあいさつ言葉、そして手紙のはじめの言葉と終わりの言葉の呼応関係をまとめます。

★手紙の書き方の基本形式

●よこ書きの例：「職場体験を申しこむ手紙」

① 株式会社□□□□
　広報　○○○○様

② 平成○年9月25日

③ 〒186-0001　東京都国立市○-○-○

④ ○○中学校　○年○組
　　田中××

⑤ 電話042-○○○-○○○○

⑥ 拝啓　初秋の候　さわやかな秋風のふくころとなりました。
○○○○様におかれましては、ますますご活躍のこととお慶び申しあげます。わたしは先日お電話をさしあげました○○中学校○年の田中××と申します。

さて、わたしたちは、いま「仕事とはなにか」「働くとはなにか」など、学校で職業について勉強しております。大変あつかましいお願いですが、そちらで職場体験の受けいれをお願いできないでしょうか。日程、人数などは下記のとおりです。

　　　　　　　記

⑦ 1 訪問日時　平成○年○月○日ごろ
　2 訪問目的　将来、自分のやりたい仕事がどういうものかを実際に体験してみる。
　3 訪問人数　○人
　4 連絡先　○○中学校○年○組　田中××

ご無理を申しあげているのは十分承知しておりますが、ぜひ1日だけでも体験させていただけないでしょうか。つきましては、近日中にお電話させていただきますので、お返事をお聞かせいただければと存じます。どうぞよろしくお願いいたします。

⑧ 最後になりましたが、お体に気をつけてお仕事がんばってください。
　　　　　　　　　　　　　　　　　　敬具

①問いあわせの会社名、部署名、担当者名
②手紙を出す日付
③学校の郵便番号・住所
④自分の学校名・名前
⑤学校の電話番号
⑥前文
・頭語
・季節や気候のあいさつ
・相手の健康に関するあいさつ
⑦本文
・職場体験のお願い
・伝えたい項目が多いときは、「下記のとおり」などと書き、「記」として箇条書きにする。
⑧末文
・結語

●たて書きの例：「職場体験のお礼状」

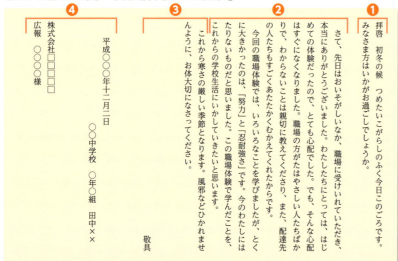

①前文
・頭語
・季節や気候のあいさつ
・相手の健康に関するあいさつ
②本文
・職場の方から学んだことがら、職場体験のお礼をいれる。
③末文
・結語
④後付け
・日付は上から2文字くらい下げていれる。
・署名は下によせて書く（下を1文字くらい空けるとよい）。
・あて名は上によせて書く

★頭語と結語の呼応関係

「頭語」とは、「拝啓」「前略」のような、手紙のはじめに記す言葉です。

「結語」は、「敬具」「草々」「かしこ」など、手紙の終わりの言葉で、頭語と結語は、呼応関係にあります。呼応とは、「対応する」ということです。

手紙の種類	頭語	結語
一般的な手紙	拝啓、拝呈、啓上、啓白、一筆申しあげます	敬具、敬白、拝具、かしこ
ていねいな手紙	謹啓、謹呈、恭啓、粛啓、謹んで申しあげます	敬白、謹言、謹白、粛言、かしこ
前文を省略する手紙	前略、冠省、略啓、寸啓、草啓、前文お許しください、前略ごめんください	草々、早々、怱々、不一、不備、不尽、かしこ
急用の手紙	急啓、急呈、急白、取り急ぎ申しあげます	草々、早々、怱々、不一、不備、不尽、かしこ
はじめての人への手紙	拝啓、拝呈、はじめてお手紙さしあげます	敬具、謹言、かしこ
再信の手紙	再啓、再呈、追啓、重ねて申しあげます	敬具、拝具、敬白、かしこ
返信の手紙	拝復、復啓、謹復、謹答、啓答、拝答、お手紙拝見いたしました、お手紙ありがとうございます、お返事申しあげます	敬具、拝具、敬白、謹白、かしこ

※「かしこ」は女性のみ。

★時候のあいさつ言葉の例

「時候」とは、季節や気候のことです。「時候のあいさつ」は、季節や気候に応じた心情や季節感を表す言葉で、「頭語」のあとに続く礼儀文です。ここでは、あらたまった手紙で使われる「時候のあいさつ」を紹介します。

1月	厳寒の候	寒さが身にしみる今日このごろです
2月	春寒の候	梅の花のほころぶ季節となりました
3月	早春の候	日増しに暖かくなってまいりました
4月	陽春の候	花ばなが色とりどりに咲く季節となりました
5月	新緑の候	若葉の緑が鮮やかさを増してまいりました
6月	梅雨の候	あじさいの花の美しい季節となりました
7月	盛夏の候	焼けつくような暑さを感じる毎日です
8月	晩夏の候	残暑の厳しい日びが続いております
9月	初秋の候	さわやかな秋風のふくころとなりました
10月	秋冷の候	紅葉の色鮮やかな季節となりました
11月	晩秋の候	木ぎが葉を落としはじめるころとなりました
12月	初冬の候	つめたい木がらしのふく今日このごろです

Q05 「元日」と「元旦」はどう違う？

① あけましておめでとう

② 元旦に会えるなんていい年になりそうだ

③ もう元旦じゃないよ。もうすぐ夕方だし

④ 今日は1月1日だよ / うん、元日だけどもう元旦じゃないよ

A 「元日」は年の最初の日、「元旦」は元日の朝のこと

「元」という漢字には「はじめ」の意味があり、「元日」は「一年のはじめ」という意味で、1月1日をさします。

いっぽう、元日の朝のことを「元旦」と言います。漢字の「旦」は、地平線からのぼる朝日を表しています。現在では、「元旦」＝「元日」として使われることもあります。「元旦の朝」とは言いません。英語では、元日を「ニューイヤーズ・デイ(New Year's Day)」と言います。

はじめの朝日　元旦

語源はどうなの？
正月とは、いつのこと？

「正月」はもともと1月の別名でしたが、現在では1月1日から3日まで（三が日）を、または、1月7日まで（松の内）を「正月」と言います。

もっと知りたい
年賀状はいつ出すの？

新年になってからの年賀状は一般的には、松の内（元日から1月7日まで）の期間内に出します。1月8日以降は寒中見舞いとするのが習慣です（⇒5ページ）。年賀状のお礼は、「ごていねいな年頭のごあいさつをいただきましてありがとうございます」のように書きます。

言葉の意味 ●三が日／正月の元日から3日までの3日間。●松の内／正月の松かざりを立てておく期間。元日から7日まで。

Q06 新年のあいさつは英語でどう書くの？

- イギリスの友達に年賀状を送りたいけどどう書けばいいかな
- 「あけましておめでとう」を英語にするとオープン……かな？
- それは違うと思う

A　A Happy New Year!

「新年おめでとう」にあたる英語は、ふつう "A Happy New Year!"（または「A」を省略して "Happy New Year!"）を使います。よく、「新年あけましておめでとうございます」と書く人がいますが、「新年おめでとう」か「あけましておめでとう」だけの方がすっきりします。英語で「年があける」は "The year begins" と言いますが、年のはじめのあいさつには使わないので、「あけましておめでとうございます」も、英語では同じく "A Happy New Year!" を使います。

もっと知りたい　クリスマスカード

ヨーロッパやアメリカなどでは、クリスチャンにかかわらず日本の年賀状のようにクリスマスカードを交換する習慣があります。クリスマスはもともとキリストの生誕を祝うキリスト教徒（クリスチャン）の行事なので、相手の宗教がわからないときには、"Happy Holidays!" などと書きます。クリスマスカードは、12月25日より前にとどくようにします。また、新年のあいさつをいっしょにすることも多く、"Merry Christmas and a Happy New Year!" などと書きます。

言葉の意味　●クリスチャン／キリスト教を信じている人。キリスト教徒。

Q07 「おめでとう」の手紙で気をつけることは？

A 使ってはいけない言葉がある

お祝いの手紙は、祝福する気持ちが伝わるように書くのが基本です。ただし、使ってはいけない言葉に注意が必要です。

次は、縁起がよくないので、それぞれの場合に書いてはいけない言葉（禁句）の例です。

- 結婚の祝い：切れる、離れる、去る、別れる
- 長寿の祝い：死ぬ、ねこむ、倒れる、病む

コミュニケーション力アップ！ お祝いの言葉の工夫

お祝いの言葉は、うまく表現する工夫も大切です。次は、その例です。

● 還暦や定年のお祝い
・第二の青春・第二の人生のスタート
　長寿の年齢を祝うよび方として、還暦（60歳）のほかに、古希（70歳）、喜寿（77歳）、傘寿（80歳）、米寿（88歳）、卒寿（90歳）、白寿（99歳）などがあります。
● 出産祝い
・二世誕生、おめでとうございます。
● 入学祝い
・日本の未来は○○さんの手のなかにあります。

 言葉の意味　● 祝福／人の幸せをよろこび祝うこと。

Q08 出欠を問いあわせるはがきなどにある「御芳名」とは？

A 「御芳名」は、相手をうやまって言う姓名のこと

「芳名」は、相手をうやまって言う姓名（「名字と名前」「氏名」とも言う）のことです。「御」も「芳」も、相手の物事につけて敬意を表す言葉です。

●往復はがき「同窓会の案内」の返信例

〈返信文面〉

〈返信のあて名面〉

もっと知りたい 往復はがきの注意

往復はがきを返信するとき「御芳名」の「御」を消す人がいますが、本当は「御芳」を二重線で消すようにします。

・御芳名 ⇒ ~~御芳~~名　・御住所 ⇒ ~~御~~住所
・御出席 ⇒ ~~御~~出席　・御欠席 ⇒ ~~御欠席~~

また、同窓会などに出席する場合は「よろこんで」出席「させていただきます」、祝いの会へ出席する場合は、「おめでとうございます」などを書きくわえるとよろこばれます。なお、往復はがきのあて名の「行（き）」は二重線で消して「様」に直したほうがよいとされています。

言葉の意味 ●往復はがき／用事を書く「往信」と、返事を書いて送り返してもらう「返信」のはがきが、ひと続きになっている郵便はがき。

Q09 「お名前」「お住所」「ご意見」「お考え」、どれがへん？

A 「お住所」⇒「ご住所」

目上の人への手紙には、「美化語」（⇒1巻15ページ）を使うことがよくあります。美化語は頭に「お」や「ご」をつけた言葉ですが、その使いわけはかんたんではありません。原則として、和語（訓読みする言葉）には「お」を、漢語（音読みする言葉）には「ご」をつけます。「御」の訓読みが「お（おん）」で音読みが「ご」だからです。

● 「お」がつく言葉
・お名前・お考え・お金・お祝い・お友だち

● 「ご」がつく言葉
・ご住所・ご意見・ご飯・ご指摘・ご友人

ただし、「お」が音読みの言葉につくことや、「お」と「ご」の両方がつく言葉もあります。

● 「お」がつく音読みの言葉
・お茶・お正月・お誕生日・お弁当

● 「お」と「ご」の両方がつく言葉
・お返事／ご返事・お病気／ご病気

「お返事」は幼児などに使われ、「ご返事」は、敬語として目上の人などに使われます。

・元気なお返事、できたかな？
・早速のご返事、ありがとうございます。

言葉の意味 ●和語／漢語や外来語ではない、日本人が昔から使ってきた言葉。●訓読み／漢字を訓で読むこと。●漢語／中国から伝わってきて日本語となった言葉。●音読み／漢字を音で読むこと。

Q10 「様」と「殿」は、どっちがえらい？

A 相手によって使いわけが必要

人の名前や役職名の下につける敬称は、次のような使いわけが必要です。
- 「様」：あて名の下につける。目上・目下、男女を問わず、広く使われる。
- 「殿」：「渋谷区立中央図書館長殿」のように、役職名の下につける。また、公用の手紙では、「田中文男殿」のように使われることもある。

ただし、「田中校長先生様」や「田中校長先生殿」のように「先生」のあとにさらに敬称をつける使い方はしません。

いっぽう、役職名と個人名を同時に書く場合、「渋谷区立中央図書館長　○○○○様」として、役職に「様」はつけません。相手が会社や団体などの場合は「御中」をよく使いますが、「株式会社○○御中　○○○○様」のように「御中」と「様」を同時に使うことはしません。

○ 渋谷区立中央図書館長　○○○○様
○ 渋谷区立中央図書館　○○○○様
× 渋谷区立中央図書館御中　○○○○様

手紙のあて名が夫婦や兄弟など、複数の名前がならぶ連名の場合、「様」はそれぞれの名前の下に書きます。まとめて「様」をひとつだけ入れるのは失礼です。

言葉の意味 ●敬称／名前の下につけて、その人をうやまう気持ちを表す言葉。さん・くん・様・氏・殿など。 ●あて名／手紙や小包などに書く、相手の名前や住所。あて先。 ●御中／会社・学校などの団体に出す手紙の、あて名の下に書く言葉。例 第二小学校御中 ●連名／何人かの名前をならべて書くこと。

Q11 手紙で先生に向かって「あなた」と書くと、どう思われる？

A 先生は、「あなた」ではなく、「○○先生」「先生」と書く

学校では、先生に向かって「○○先生」とか、「先生」とよびかけます。「あなた」とよぶことはありません。お父さんやお母さん、お兄さん、お姉さんのことも「あなた」とはよびません。手紙で書くときも同じです。

目上の人に使わないことは、すぐにわかりますが、じつは、「あなた」を友達や同じ立場の人に向かって使うと、一見ていねいな使い方のようでいて、場合によっては慇懃無礼に感じられることもあります。また、日本では昔から相手をじかにさす言葉を使うことが失礼に当たると考えられてきました。そのため、「あなた」をあまり使わないのかもしれません。

英語では「あなた」を意味する「you」の使い方が広く、相手がどんな人であっても「you」が使えます。これに対して日本語では、相手によって下のようなさまざまな言い方がありますが、多くの場合は省略されます。

・あなた ・あんた ・おまえ ・きみ

言葉の意味 ●慇懃無礼／表面はていねいで礼儀正しいように見えるが、じつは尊大で無礼なこと。また、そのさま。

Q12 「ぼく」は、ふつう目上の人に向かって言うときに使うって、ほんと？

A 「ぼく」は、対等な関係の人か目下の人に対して使う

「ぼく」は、対等な関係の人や目下の人に向かって使います。「俺」よりていねいな言葉です。現在では、男性が自分のことを言う言葉として広く用いられるようになりました。ただし、目上の人に対して言うときや、あらたまって言うときには「わたくし」「わたし」を使います。

自分のことを言う言葉には下のようなさまざまな表現があります。
- ていねいな表現：わたくし、ぼく、当方、自分
- 昔の言い方：わし、我輩、拙者、それがし
- へりくだった表現：小生、手前（ども）
- 職業の立場での表現：本官、本職、当職

語源はどうなの？

「ぼく」

「ぼく」は漢字で「僕」と書き、「しもべ」とも読みます。ぎゃくに「しもべ」は「下部」とも書きます。「下部」は、身分の低い人という意味があります。このため、自分のことを言う場合は、自分が相手より身分が低いという意味をふくめて、明治時代から「ぼく」を使うようになりました。現代では親しみのあるくだけた言い方として使われます。

言葉の意味 ●俺／親しい人や目下の人に対して、自分のことをさして言う言葉。ふつう、男の人が使う。

手紙で必要な敬語

会話にくらべ、手紙はあらたまったものです。その分、会話より敬語が重視されます。ここでは、手紙でとくに大事な敬語をまとめてみます。

★人を表す言葉

ふつうの言い方	相手方のよび方	自分方のよび方
自分／相手	あなた、貴方、あなた様、貴兄、貴殿、貴君、○○様	わたし、わたくし、小生（男性）、ぼく（男性）、当方
夫	ご主人様、旦那様、ご夫君、○○様（名前）	夫、主人、宅、○○（姓）
妻	奥様、奥方様	妻、家内、女房
父	お父様、ご尊父（様）、父上様、お父上、お父君	父、老父、おやじ（男性）
母	お母様、ご尊母（様）、母上様、お母上	母、老母
両親	ご両親様、お父様お母様	両親、父母、老父母、二親
祖父	おじい様、ご祖父様	祖父
祖母	おばあ様、ご祖母様	祖母
子ども	お子様、お子さん、○○様	子ども、○○（名前）
息子	ご子息（様）、ご長男様、ご次男様、○○様（さん、ちゃん）	息子、せがれ、長男、次男、○○（名前）
娘	お嬢様、○○様（さん、ちゃん）	娘、長女、次女、○○（名前）
兄	お兄様、兄上様	兄、長兄、次兄
姉	お姉様、姉上様	長姉、次姉
弟	弟様、弟さん	弟、○○（名前）
妹	妹様、妹さん	妹、○○（名前）
伯父（叔父）	伯父（叔父）様、伯父（叔父）上様	伯父（叔父）
伯母（叔母）	伯母（叔母）様、伯母（叔母）上様	伯母（叔母）
甥	甥御様、○○様（名前）	甥、○○（名前）
姪	姪御様、○○様（名前）	姪、○○（名前）
親族／家族	ご親族様、ご家族様、ご一族様	親族、一家、一族
友人	ご友人、ご親友、お友達	友人、友達、親友
先生	先生、お師匠様、ご恩師様、○○先生	先生、師匠、恩師、尊師

★よく使う言葉（名詞）

ふつうの言い方	相手方の言い方	自分方の言い方
会社	貴社、御社	当社、弊社、小社
おくり物	ご配慮、ご高配、お心づくしの品、結構なお品、ささやかな品	粗品、心ばかりの品
手紙	お手紙、お便り、貴書	手紙、書面、書状
名前	お名前、ご芳名、ご尊名	名前
住所	ご住所、貴家、貴邸、貴宅	住所、当地、当方、こちら、わが家、小宅、拙宅
考え／意見	お考え、ご意見、ご高見、ご趣旨	私見、管見、愚見、所見
安否	ご清祥、ご清栄、ご健勝、ご多幸、ご無事、お変わりなく	無事、相変わらず、変わりなく
返事	ご返事（お返事）、ご返答、ご返信、ご回答	返事、返答、返信、回答

★よく使う言葉（動詞）

ふつうの言い方	尊敬語	けんじょう語
言う	おっしゃる、言われる	申しあげる
思う	お思いになる、思しめす	存ずる、存じあげる
書く	お書きになる、書かれる、お記になる	記す、したためる
考える	お考えになる	拝察する、愚考する
見る	ごらんになる、見られる	拝見する、見せていただく
聞く	お聞きになる、聞かれる	うかがう、お聞きする、拝聴する
会う	お会いになる、会われる	お会いする、お目にかかる
いく	いらっしゃる、おいでになる	うかがう
来る	おいでになる、来られる、いらっしゃる、お見えになる	まいる
たずねる	おたずねになる、たずねられる	うかがう、おたずねする
いる	いらっしゃる、おられる	おる
する	される、なさる	いたす、させていただく
与える	お与えになる、賜る、くださる	差しあげる、奉る
もらう	お受けとりになる、お納めになる	いただく、頂戴する、拝受する、賜る
知る	お知りになる、ご存じになる、知られる	存ずる、存じあげる
食べる	めしあがる	いただく
飲む	お飲みになる	いただく
着る	着られる、おめしになる	身につける、着させていただく
読む	お読みになる、読まれる	拝読する
送る	お送りになる、お送りなさる	お送りする、ご送付する
買う	お買いになる、おもとめになる	買わせていただく、頂戴する
伝言する	お伝えする、おことづけする	申し伝える、ことづける

★二重敬語

　敬語は、まちがって使うと、相手の気分を害してしまいます。敬語を重ねる「二重敬語」もよくありません。その典型が「○○先生殿」（⇒15ページ）です。

　「おっしゃる」「ごらんになる」などの敬語に、さらに「～れる」という尊敬語をつけてしまい、「おっしゃられる」「ごらんになられる」とするまちがいがよくあります。また、「食べる」の敬語「めしあがる」に「お」をつけて「おめしあがりになる」としたり、「聞く」の敬語「うかがう」に「お～する」をつけて「おうかがいする」とするのも二重敬語です。

- ○先生がおっしゃっていました。
- ×先生がおっしゃられていました。
- ○先生がごらんになりました。
- ×先生がごらんになられました。
- ○ご注文を承りました。
- ×ご注文をお承りました。

あて名の書き方

手紙は便せんを封筒にいれて投函します。封筒の表書き、うら書きのルールをはがきの表書きの書き方とともに紹介します。

★封筒のあて名の書き方

●たて書きの例

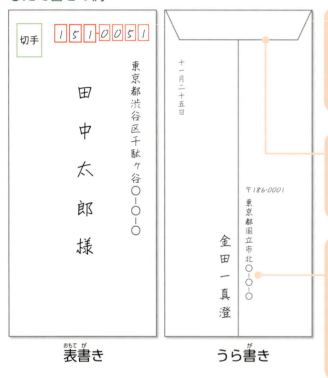

●よこ書きの例

表書き

うら書き

よこ長の封筒を使った場合には、切手は「たて長にしたときに左上になる位置」にはる。

封をするときは、のりなどでとめ、セロハンテープやホッチキスではとめない。

たて書きの場合、差出人の住所・氏名をうらに書く際に、封筒のつぎ目の右側に住所、左側に氏名を書くのが正式とされている。

★はがきのあて名の書き方

●たて書きの例

●よこ書きの例

あて名は中央に大きく書く。中心線は郵便番号の最初のふたつの間ぐらいを目安にする。

住所は郵便番号の右はしよりも内側になるように書く。文字の大きさは、あて名の文字よりも小さくする。

差出人の住所は、あて先の住所の文字よりも小さく、差出人の氏名はあて名の文字よりも小さく書く。

便せんの折り方と封書のいれ方

封筒に便せんをどっち向きにいれたらよいかなやむことがあります。
ここではどのようにするか図解で紹介します。

● 和封筒
（三つ折り）
の例

①手紙の書きだしが右上にくるように手紙文を置く。

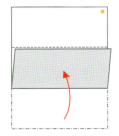
②下から3分の1を上に折る。

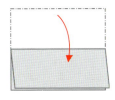
③上から3分の1を下に折る。

④封筒のあて名面から見て、手紙の書きだしが左上にくるようにいれる。

● 和封筒
（四つ折り）
の例

①手紙の書きだしが右上にくるように手紙文を置く。

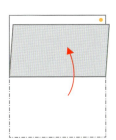
②下から2分の1を上に折る。

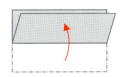
③さらに、下から2分の1を上に折る。

④封筒のあて名面から見て、手紙の書きだしが左上にくるようにいれる。

● 洋封筒
（たて書き）
の例

①手紙の書きだしが右上にくるように手紙文を置く。

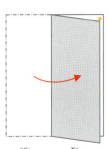
②左から2分の1を右に折る。

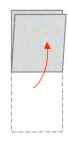
③下から2分の1を上に折る。

④封筒のあて名面から見て、手紙の書きだしが上にくるようにして、折り山を封筒の底にしていれる。

● 洋封筒
（よこ書き）
の例

①手紙の書きだしが左上にくるように手紙文を置く。

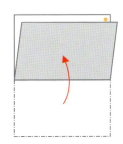
②下から2分の1を上に折る。

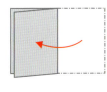
③右から2分の1を左に折る。

④封筒のあて名面から見て、手紙の書きだしが上にくるようにして、折り山を封筒の底にしていれる。

Q13 電子メールでは、相手の名前はどこに書くの？

よし！ 送信！

これ、だれにあてたメールなんだろう？ 送り主の名前もないな……

A 電子メールでも相手の名前を最初に書くのが礼儀

電子メールでは本文の最初に相手の名前を書きます。件名のところに書いてはいけません。名前には「様」「さん」をつけるのは当然です。姓だけでなく、名も入れるほうがていねいです。また、自分の名前を最後にちゃんと記名するのも礼儀です。なお、携帯メールの場合は相手の名前を書かずに、単刀直入に伝えたい内容から書くのがふつうです。

あなた、だれ？

もっと知りたい メールを一斉送信するには？

みんなに一斉に同じメールを出す場合、全員がたがいによく知っている仲間であれば問題ありませんが、たがいに知らない人がふくまれるようなときには、それぞれのメールアドレスがたがいにわからないように配慮する必要があります。宛先を自分のメールアドレスにして、そのほかのメールアドレスは、BCCにいれます。

言葉の意味 ●電子メール／コンピュータなどを使って、メッセージやデータなどのやりとりをする仕組み。Eメール。●件名／電子メールにおいて、そのメールのタイトルのこと。●単刀直入／いきなり話の中心に入ること。●BCC／Blind Carbon Copyの略。電子メールで、受信者の名前やメールアドレスがわからないようにして送りたい場合に使用する。

Q14 件名に「はじめまして」と書くのはよくないの？

A 「はじめまして」は、迷惑メールにまちがえられる

電子メールは毎日どんどん送られてきて、受信ボックスのなかに表示されます。重要なメール、急ぎのメールと、いたずらメール、迷惑メールなどが、どれも同様に表示されます。相手に自分のメールを読んでもらうためには、どんな用件のメールなのかがわかる件名にすることが非常に大切です。読んでもらえるかどうかはまさに件名にかかっているといえます。相手に自分のメールをちゃんと読んでもらうためには、件名で次のような工夫が大切です。
- 相手が読みたいと思うように書く。
- 本文の概要がわかるように書く。
- 相手がなにをすればよいかわかるように書く。

● よい件名の例

また、相手のメールに返信する場合、件名を書かないと自動的に「返信」を意味する「Re」と表示されます。きちんと返事をする場合は、件名にひとこと書きくわえましょう。

● 悪い件名の例（返信）

言葉の意味 ●迷惑メール／受信を望まない電子メール。ウイルス感染などを目的に送られてくるものや、商品の宣伝や勧誘を目的とするものがある。

Q15 メールの文章では、改行は必要ないって、ほんと？

携帯のメール

パソコンのメール

A パソコンでメールを書くときは必要

パソコンでメールを書くとき、1行を30字前後ぐらいにすると読みやすいと言われています。改行しないでずらずら長く書く人もいますが、これは読みにくいものです。また、字数を30字などと決めて、すべての行をきちんとそろえて書く人もいますが、文の途中で不自然に切れてしまうより、読みやすいところで改行するほうがよいでしょう。文章の右側に多少のでこぼこが出てしまってもかまいません。相手の立場になって読みやすい書き方をすることが大切です。

ただし、字数が限られている携帯のメールでは、改行すると文字数がカウントされるので、改行しないほうがより多くの文字を打てます。

このメール改行がなくて読みづらい

言葉の意味 ●改行／文章を書くとき、行を変えて書くこと。

Q16 メールを送信する前に確認することは？

A 相手の名前をまちがえることは、もっとも失礼なこと

手紙でもメールでも名前をまちがえることはもっとも失礼なことです。とくにメールの場合は、クリック1回であっという間に相手にとどいてしまう便利さが、確認するのを忘れてしまうことにつながります。また、パソコンは一度表示した名前をおぼえていて、変換するときに、優先して表示するようになっているものもあります。じつはそれがかえってミスにつながることがあります。

たとえば「さいとう」という姓には、斉藤、斎藤、齊藤、西藤というように細かい漢字の違いがあります。使われることが多い順や使った順に表示されるため、ついうっかり「斎藤」を「斉藤」と選択してしまうことがあります。「はまさき」の場合は、「はま」が、浜、濱、濵、「さき」が、崎、﨑、嵜、嵶などそれぞれ微妙な違いがあり、要注意の名前です。

コミュニケーション力アップ！ 誤変換には要注意

「誤変換」とは、仮名を漢字に変換するとき、意図したものとは異なる漢字を選択してしまうことを言います。「変換ミス」とも言われます。変換する際、選択をまちがえないようにするのは言うまでもありませんが、送信する前に、かならず確認する習慣をつけましょう。

言葉の意味 ●クリック／マウスなどのボタンをおすこと。2回続けておすことをダブルクリックという。

Q17 電子メールの「一往復半の原則」って、なに？

いつまで続くの このやりとり……

A メールを送る ⇒ 返事が来る ⇒ 返事に対してメールを送ること

以前は、同窓会などの出席を確認するとき、往復はがきが使われていました。現在でもはがきが使われることもありますが、メールで確認をとることが多くなってきました。数人で集まる場合、まずその会のことについて提案をして、自分の都合のよい日時をいくつかあげ、メールを一斉送信してみんなの都合をたずねます。メールでは、「一往復半」で用件を終えるように心がけるといったマナーがあり、はじめから具体的に日時の候補を提示しても失礼にあたりません。「みんなで今度会いましょう」とだけ書いて意見をもとめているような連絡では、やりとりの手間ばかりかかってしまいます。

● うまいメールのやりとりの例

> 自分：今度の文化祭の打ちあわせですが、来週の予定はいかがですか？
> 相手：来週は、次の時間なら、いつでも大丈夫です。
> 　　　10月6日　午後3時～
> 　　　10月8日　午後5時～
> 　　　10月11日　午前10時～
> 自分：それでは、10月6日の午後3時からでお願いします。

出席人数が多い場合は、期間にある程度ゆとりをもたせ、日時候補をいくつかしめして、そこに相手の都合を○×△で表示させるなどの方法で返信してもらい、それを集計してみんなが一番都合のいい日時を決めるのが合理的です。

言葉の意味　●提案／ある考えや案を出すこと。　●用件／やろうとすること。また、伝えようとすること。

Q18 手紙にできて電子メールにできないことって、なに？

そろそろ手紙がとどくころかなー

A 手紙のほうが手間がかかる分、心をこめることができる

手紙は、切手、便せん、封筒など、自分の好きなものを選んで相手にとどけることができます。手書きの文字や絵を自分の好きなようにかくこともできます。おし花を封筒にいれることもできます。いろいろ工夫することで、差出人の心をこめることができます。とくに、心からお礼を言いたいときや、おわびの気持ちを伝えたいときには、切手をはったり、封をしたり、ポストまで行って投函したり、手間がかかりますが、手紙で伝えた方が心がこもります。また、到着に時間がかかることから手紙のことを「スネールメール」とよぶことがあります。「スネール」は、かたつむりのことです。

どうしても急がなければならず、メールでお礼を言う場合には、最後に「失礼とは存じますが、メールにてお礼申しあげます」と一言、断りをいれるのが礼儀です。

手紙の歴史は非常に長く、そのなかで、相手に対して尊敬をしめす、独自の形式が発達してきました。敬語や、手紙のルール（⇒8ページ）には、十分注意をはらう必要があります。

言葉の意味
● 投函／はがきや手紙をポストにいれること。

電子メールのマナー

現代社会は、電子メールが不可欠です。
しかし、便利さゆえに諸刃の剣ともなりかねません。よりじょうずに使いこなすためには、みんながたがいにマナーを守る必要があります。

★「ネチケット」とは

電子メールをやりとりする上でのマナーのことを「ネチケット」とよびます。これは「ネット」と「エチケット」という言葉を組みあわせた造語です。ネチケットは、電子メールを使うみんなが、より円滑にコミュニケーションをとれるようにするために必要です。おもなネチケットには、次のようなものがあります。

❶件名はすぐに開いてもらえるように書く（⇒23ページ）
❷本文の最初に相手の名前を書く（⇒22ページ）
❸本文は読みやすく簡潔に書く（⇒24ページ）
❹誤字、誤変換がないか、しっかり校正する（⇒25ページ）
❺送信ボタンをおす前にチェックする
❻宛先のアドレス、CC、BCCのあつかいをチェックする（⇒22ページ）

❼引用の仕方に注意する
返信する時にもとのメールをそのまま残している人が多いが、もとのメールは必要な部分だけを引用して、基本的には削除するのが礼儀。下に長ながと不必要な部分がついているのは、見た目もよくない。ただし、打ちあわせや質疑回答形式のメールには、送られてきたメールの本文をそのまま下段に添付していく方法が有効。

❽ファイルを添付する場合の注意
１通のメールに、あまり重いファイルを添付しないように注意する。重い場合は何回かに分割して送信すること。また、相手が持っていない可能性のあるソフトで作成したファイルは添付しない。テキストですむ内容のものであれば、テキスト形式でメール本文に書くようにする。添付ファイルはウイルス感染の危険性が高いため、送られてくることをきらう人もいる。

メールは相手にかならずとどくとはかぎりません。自分の送信ミスもあれば、相手の受信ミスもあります。メールの見落としもあります。サーバが故障することもあります。そのため、もし重要な内容の場合、とどいたことだけを知らせてほしいと依頼することも必要です。

また、相手のメールに対し、あとで返事を書こうと思っている場合、まずは「拝受のお礼」として返信しておくのもマナーです。

このファイルは重いから、3回にわけて送ろうかな

★「きらわれるメール」の特徴と解決策

一般にきらわれるメールというのは、次のようなものです。

・文字化けしたメール

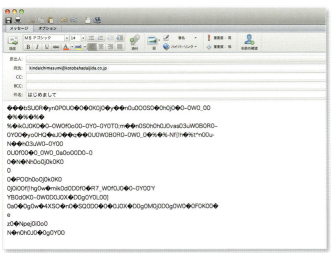

➡相手がどのような環境、機種でメールを読むかはいろいろです。太字や色文字、絵文字を使っても、メールを受信した相手側にはそのとおりに表示されない場合があります。

電子メールで使える文字	電子メールで使えない文字
・半角英数字・記号	・半角カタカナ
・全角英数字・記号	・丸付き文字
・ひらがな・全角カタカナ・ほぼすべての漢字	・ローマ数字
・全角記号文字の一部	・括弧付き省略文字
	・単位記号などの機種依存文字

・添付ファイルが開けないメール

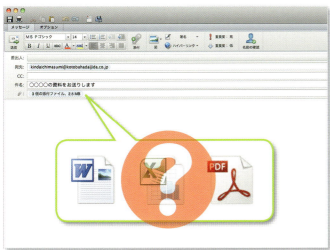

➡ワードやエクセルなどで作成した文書や表、画像や音声はメールに添付して送ることができます。ただし、相手側のパソコンに添付ファイルを開くことのできるアプリケーションソフトがインストールされていなければなりません。あらかじめ、相手のつかっているコンピュータの機種やソフト、バージョンを確認しておくことが必要です。

・なれなれしい、ふざけたメール

➡メールでは顔が見えないし、声も聞こえないので、電話で話をするとき以上に相手のことを考えて、文章を考えなければなりません。メールを書くときは、失礼がないよう、あまりなれなれしい口調で書いたり、ふざけた言い方をしないように気をつけます。送信ボタンをおすまえに誤字・脱字・変換ミスなどがないか、文章を見直すことも大切です。

送信する前にもう一度確かめよう

全巻さくいん

さくいんの見方

❶ 日常生活編
❷ 学校生活編
❸ あらたまったとき編
❹ 手紙・メール編

各巻の「言葉の意味」に掲載している語を五十音順にならべています。

あ

語	巻	ページ
相づちを打つ	❷	13
あいにく	❸	24
あくどい	❷	15
値する	❷	27
あて名	❹	15
いいわけ	❶	26
意外	❸	15
いく	❶	10
いただく	❸	21
依頼する	❸	27
祝い	❶	4
違和感	❸	7
慇懃無礼	❹	16
受け身	❸	20
うそ	❷	13
うらやましい	❷	15
影響	❷	22
婉曲	❶	28
往復はがき	❹	13
おかげさま	❶	16
お気にめす	❸	18
おきのどくさま	❶	16
おじぎ	❶	4
おしきる	❷	12
おせわさま	❶	16
おつかれさま	❷	14
お目にかかる	❸	4
俺	❹	17
恩恵	❶	20
御中	❹	15
音読み	❹	14

か

語	巻	ページ
改行	❹	24
書き言葉	❸	13
活用	❸	21
可能	❸	20
関係	❸	14
漢語	❹	14
感謝	❶	12
鬼子母神	❸	12
気色	❷	18
気づかう	❹	6
奇妙	❸	6
恐縮する	❸	10
許可	❶	9
謹言	❹	7
クリスチャン	❹	11
クリック	❹	25
くれぐれも	❷	5
訓読み	❹	14
敬具	❹	6
敬称	❹	15
けんそん	❶	29
件名	❹	22
好意	❶	20
好物	❸	19
ごくろうさま	❶	16
こすい	❷	15
こすっからい	❷	15

さ

語	巻	ページ
さらば	❶	7
三が日	❹	10
残念	❷	6
しいて	❷	12
しおらしい	❸	10
視界	❸	4
時候	❹	4
しごく	❷	10
辞退	❷	11
失敬	❸	5
自発	❸	20

じゃまくさい ③7	遠回し ②19	水をさす ③7
じゃま立て ③7		無意識 ②28
祝福 ④12	**な**	命令 ③25
状態 ③9	ない ②7	迷惑 ①26
承諾 ③10	納得 ②10	迷惑メール ④23
じょうだん ②8	なにとぞ ①24	免許 ①9
承知 ②10	なんとか ②5	申しわけない ②6
助動詞 ③20	ぬけ目がない ②23	申す ③4
署名 ③27	ねぎらう ②14	喪中 ④5
推量 ③9		
すまない ②7	**は**	**や**
ぜひ ②5	拝啓 ④6	訳語 ①28
ぜひとも ②5	拝謝 ③13	休む ①6
粗悪 ①17	拝聴する ③11	用件 ④26
粗品 ③18	話し言葉 ③13	要領がいい ②23
粗茶 ③18	万謝 ③13	よろこばしい ①21
	BCC ④22	
た	無作法 ③5	**ら**
たずねる ①25	無事 ①11	埒が明かぬ(ない) ②22
賜る ③11	不出来 ①17	立秋 ④5
便り ③8	無難 ②10	立春 ④5
断定 ②19	不愉快 ②11	略語 ②26
単刀直入 ④22	ふるまい ①8	略式 ④7
地位 ①13	無礼 ③5	礼 ①4
提案 ④26	文体 ②4	連名 ④15
ていねい ①4	へりくだる ③10	
できそこない ①17	弁解 ①26	**わ**
では ②8	方言 ③26	和語 ④14
電子メール ④22	冒頭 ④4	わび ①5
投函 ④27		悪賢い ②15
同感 ②10	**ま**	
同輩 ③5	まいる ①10	
道理 ②12	松の内 ④10	

31

■著者

金田一真澄（きんだいち　ますみ）
1949年東京都生まれ。専門はロシア語学、言語学。慶應義塾大学名誉教授・文学博士。1976年早稲田大学理工学研究科修士課程修了、1988年東京大学人文科学研究科博士課程修了。1994年第3回木村彰一賞受賞。1997年より日本ロシア文学会理事。2014年より金田一春彦記念図書館名誉館長。著書・編著に『ロシア語時制論』（三省堂）、『岩波ロシア語辞典』（岩波書店）など多数。NHKテレビ（2003～2007年）・NHKラジオ（1996～2000年）のロシア語講座を担当。

■絵

荒賀賢二（あらが　けんじ）
1973年埼玉県生まれ。内装デザイン会社、児童書デザイン会社を経て、2001年からフリーのイラストレーターとなる。児童書の挿絵や絵本を中心に活躍。絵を担当した作品に『電気がいちばんわかる本』（ポプラ社）、『できるまで大図鑑』（東京書籍）、『よんでしらべて時代がわかる ミネルヴァ日本歴史人物伝 小村寿太郎』『英語であそぼう！ マザーグース たのしさ再発見 ①マザーグースってなに？』（ミネルヴァ書房）などがある。

■企画／編集／デザイン

こどもくらぶ
稲葉茂勝
長野絵莉
長江知子

■協力

北杜市金田一春彦記念図書館
ことばの資料館

■制作

（株）エヌ・アンド・エス企画
尾崎朗子

言葉は大事だ！じてん　あいさつ・マナー・敬語　④手紙・メール編

2015年1月25日　初版

NDC815　32P　28×21cm

著　者　金田一真澄
絵　　　荒賀賢二
発行者　田所 稔
発行所　株式会社 新日本出版社
　　　　〒151-0051　東京都渋谷区千駄ヶ谷4-25-6
　　　　電話　営業 03-3423-8402　編集 03-3423-9323
　　　　メール　info@shinnihon-net.co.jp
　　　　ホームページ　www.shinnihon-net.co.jp
振　替　00130-0-13681
印刷・製本　瞬報社写真印刷株式会社

落丁・乱丁がありましたらおとりかえいたします。
©Masumi Kindaichi 2015
ISBN 978-4-406-05829-2　C8381
Printed in Japan

Ⓡ〈日本複製権センター委託出版物〉
本書を無断で複写複製（コピー）することは、著作権法上の例外を除き、禁じられています。
本書をコピーされる場合は、事前に日本複製権センター（03-3401-2382）の許諾を受けてください。